Die Liebe zur Aufgabe ist
das Rezept für den Erfolg.

Not knowing really WHERE you want to go,
you are letting Blind Chance lead you.

Qui ne connaît pas son but remet son chemin
entre les mains du hasard.

Chi non conosce la sua meta, si lascia guidare dal caso.

Quien no conoce su objetivo, abandona su destino
a la casualidad.

Wer sein Ziel nicht kennt,
überlässt den Weg dem Zufall.

It takes many Small Steps to climb to the
Top of the Mountain.

Se rendre au sommet exige de nombreux petits pas.

Per giungere alla sommità, occorrono molti piccoli passi.

Poco a poco se llega lejos.

Der Weg zum Gipfel bedarf
vieler kleiner Schritte.

Happiness can only be found where
Heart and Brains are in Close Harmony.

Le vrai bonheur se trouve là où se nouent les
attaches de l'esprit et du cœur.

La felicità nella vita si trova soltanto quando il
cuore e la mente sono in forte armonia.

La suerte en la vida se halla en el lugar donde
el corazón y la inteligencia se unen fijamente.

Lebensglück ist nur dort zu finden,
wo sich Herz und Verstand fest verbinden.

Don't follow Trends - Follow the Feelings of your Heart.

Ne suis pas chaque tendance, suis plutôt ton instinct.

Non rincorrere tutte le mode, ma seguire sempre l'intuito.

No sigas todas las modas, confía en tu instinto.

Folge nicht jedem Trend,
doch stets deinem Gespür.

New Things can only come into flower once
we are brave enough to let Old Ones go.

Ayons le courage de nous séparer de l'ancien pour
voir fleurir le nouveau.

Il nuovo può nascere soltanto quando abbiamo il
coraggio di abbandonare il vecchio.

Todo lo nuevo florece primero si tenemos valor para
dejar atrás lo antiguo.

Neues kann erst aufblühen, wenn wir den Mut haben, Altes los zu lassen.

Tender Loving Care opens the door to Luck and Success.

Notre amitié et notre affection ouvrent la
porte à la réussite et au bonheur.

La gentilezza e l'affezione sono la chiave della
felicità e del successo.

Con amabilidad y afecto se abre la puerta hacia
la suerte y el éxito.

Mit Freundlichkeit und Zuwendung
öffnet man Glück und Erfolg die Tür.

When you Feel your Heart Dreaming,
Trust it, and let it Guide You!

Prends conscience des rêves de ton cœur et fais leur confiance, ils te mèneront au bonheur.

Quando riesci a sentire i sogni del tuo cuore, fidati e lascia che ti guidino.

Puedes sentir los sueños de tu corazón, confiar en ellos y dejarte llevar.

Kannst du die Träume
deines Herzens spüren,
vertrau' darauf und lass' dich führen.

A clockwork can only work properly if all cogs – even the smallest - contribute their share.

La plus parfaite des mécaniques ne peut remplir sa tâche qu'avec la contribution de tous, même du plus petit des rouages.

L'orologeria può assolvere il suo compito soltanto se tutte le sue rotelle concorrono al funzionamento, anche quelle più piccole.

El mecanismo de un reloj sólo puede funcionar cuando todos los engranajes, incluso los más pequeños, colaboran.

Ein Uhrwerk kann nur dann
seine Aufgabe erfüllen,
wenn alle Rädchen dazu beitragen –
auch die allerkleinsten.

It is not only WHAT you do, but HOW you do it!

L'important n'est pas uniquement ce que nous faisons, mais comment nous le faisons.

Non è soltanto importante che cosa facciamo, ma come lo facciamo.

No sólo importa lo que hacemos, sino cómo lo hacemos.

Es ist nicht allein entscheidend,
was wir tun, sondern wie wir es tun.

Use the Experience of your role models,
but do it YOUR OWN WAY!

Choisis tes modèles, profite de leur expérience,
mais va ton propre chemin.

Approfitta delle esperienze di chi ti sei preso come
modello, ma segui lo stesso la tua strada.

Aprovecha las experiencias de los demás,
no obstante, sigue tu camino.

Nütze die Erfahrungen deiner Vorbilder,
aber geh' deinen eigenen Weg.

You are on the Right Path, if you never
Lose Sight of your Goal.

Être sur la bonne voie, c'est ne jamais perdre son
objectif de vue...

Chi non perde di vista la propria meta,
ha imboccato la strada giusta.

El que se encuentra en el camino correcto,
nunca pierde de vista su objetivo...

Auf dem richtigen Weg ist,
wer sein Ziel nie aus den Augen verliert.

If your heart is ONLINE – Everything's Fine!

Si tu es en accord avec ton cœur,
plus facile sera ton labeur.

Quando il tuo cuore è "on-line",
ogni lavoro ti riesce meglio.

Las tareas siempre son más fáciles si escuchas
a tu corazón.

Bist du online mit deinem Herzen,
fällt dir jede Aufgabe leichter.

If you don't Follow your Heart,
you are easily Led Astray.

Qui ne suit pas son cœur peut facilement être
entraîné vers de mauvais sentiers.

A chi non si lascia guidare dal cuore,
è facile far sbagliare strada.

Quien no se deja llevar por su corazón,
podrá caer fácilmente en el camino equivocado.

Wer sich nicht von seinem Herzen führen lässt, kann leicht auf den falschen Weg geführt werden.

Every Minute you spend Waiting for Better Times,
you waste 60 Valuable Seconds of your life!

Passer chaque minute à attendre des temps meilleurs,
c'est perdre 60 secondes d'une grande valeur.

Con ogni minuto passato ad aspettare tempi migliori,
si regalano preziosi 60 secondi della propria vita.

Con cada minuto que pasamos esperando tiempos
mejores, perdemos 60 valiosos segundos de
nuestras vidas.

Mit jeder Minute, mit der man auf
bessere Zeiten wartet, verschenkt man
60 wertvolle Sekunden seines Lebens.

Success isn't a COINCIDENCE, but the
RESULT of our Thoughts and Deeds.

La réussite n'est pas un hasard, mais bien le résultat
de notre pensée et la conséquence de nos actions.

Il successo non è un caso, ma il risultato e la
conseguenza del nostro pensiero e delle nostre azioni.

El éxito no es ninguna causalidad, sino el resultado
de nuestros pensamientos y actuaciones.

Erfolg ist kein Zufall, sondern das
Ergebnis und die Folge
unseres Denkens und Handelns.

Only who judges the PATH correctly will Achieve his GOAL.

Seul atteindra son but sans détour celui qui juge bien de son parcours.

Soltanto chi è in grado di valutare il percorso in modo corretto, può raggiungere la meta senza deviazioni.

Sólo quien sabe valorar correctamente el camino, alcanza el éxito directamente.

Nur wer den Weg richtig einschätzt,
wird das Ziel ohne Umweg erreichen.

Mehr L(i)ebenswertes von „Oups"
finden Sie unter:

www.oups.com